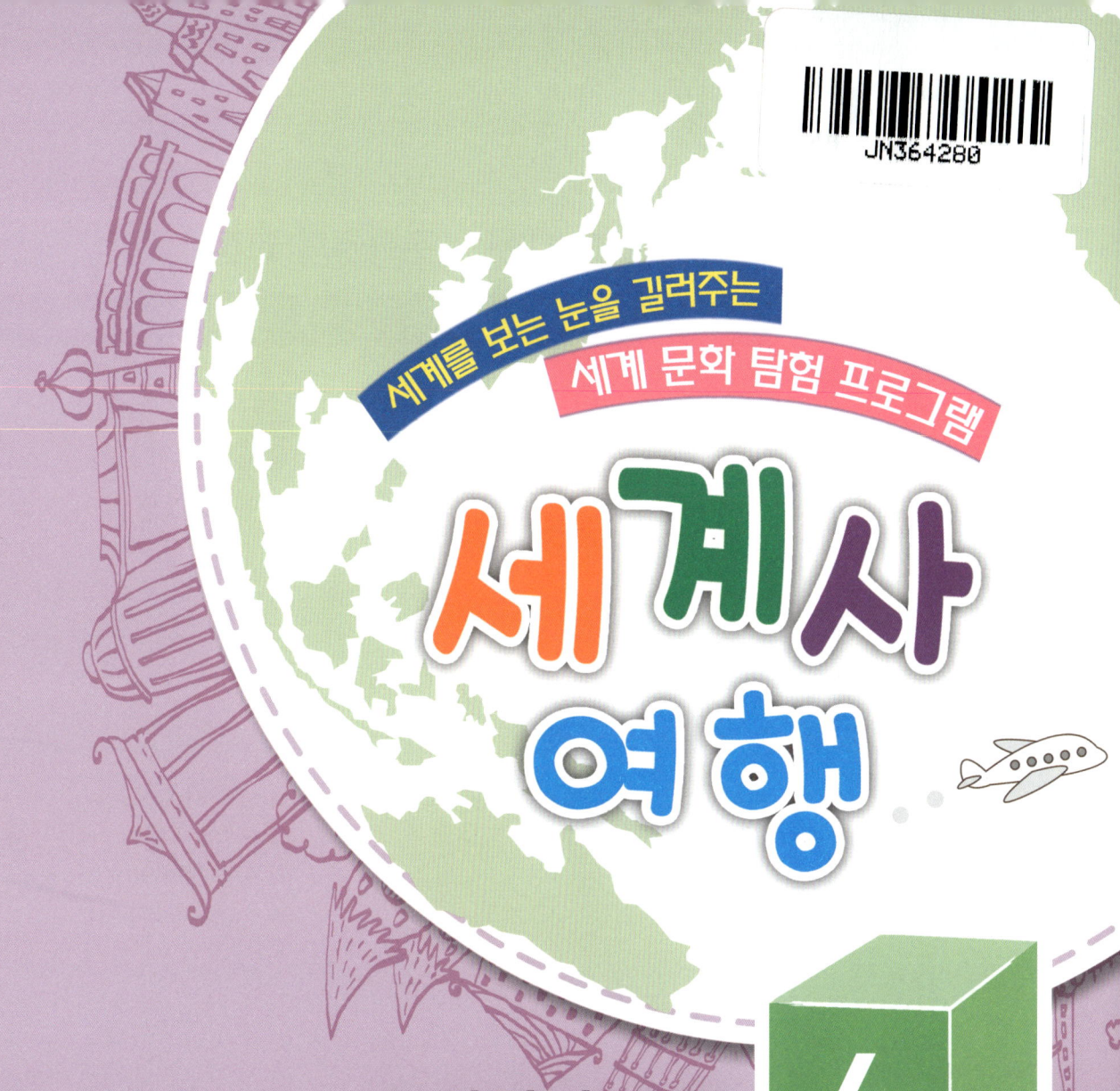

세계를 보는 눈을 길러주는
세계 문화 탐험 프로그램

세계사 여행

문화권의 교류 6

1차시 유럽 문화권

2차시 이슬람 문화권

3차시 인도·동남아시아 문화권

4차시 중국·동아시아 문화권

역사 전문 프로그램
감돌역사교실

 ⟨6호 수업안내문 | 문화권의 교류⟩

제목	학습목표	학습내용
1차시 유럽 문화권	· 중세 유럽의 크리스트교 동서 분열과 이슬람 세계와의 충돌과 교류 과정을 이해한다. · 크리스트교를 중심으로 살아간 중세 유럽 사람들의 생활 모습을 이해한다.	01 프랑크 왕국의 분열 02 중세, 성과 도시 03 중세, 크리스트교 세계 04 십자군 전쟁(1096~1272)
2차시 이슬람 문화권	· 튀르크족이 이슬람 세계의 새 주인으로 등장하는 과정을 이해한다. · 이슬람교가 아프리카로 퍼져 나가 형성된 아프리카의 이슬람 문화를 이해한다.	01 이슬람의 새 주인 – 튀르크 02 크리스트교 세계를 공격하는 셀주크 튀르크 03 아프리카로 간 이슬람교 04 아프리카 이슬람 세계 – 이집트
3차시 인도·동남아시아 문화권	· 북인도와 남인도의 서로 다른 문화와 성장 과정을 이해한다. · 동남아시아 왕국들이 해상 무역을 통해 성장해 가는 과정을 이해한다.	01 북인도 – 델리 술탄 왕국 02 남인도 – 비자야나가르 왕국 03 동남아시아의 향신료 교류 04 동남아시아 나라들
4차시 중국·동아시아 문화권	· 몽골 제국의 등장으로 유럽과 아시아가 하나로 통합되는 세계사가 시작되었음을 이해한다. · 동아시아 국가들이 몽골 제국의 침략을 극복하는 과정을 이해한다.	01 발명의 시대, 송(960~1279) 02 몽골 제국(1206~1368) 03 동서 교역로의 주인, 원(1271~1368) 04 몽골 제국에 맞서는 한국과 일본

이 달에 배우는 세계사 연표

- 960년 송나라 건국
- 1037년 셀주크 튀르크 성립
- 1071년 만지케르트 전투
- 1096~1272년 십자군 전쟁
- 1127년 남송 시대 시작
- 1192년 가마쿠라 막부 시작
- 1206년 몽골 대제국 건설
- 1231년 몽골, 고려 침입
- 1235년 아프리카 말리 왕국 건설
- 1271년 원 제국 세움, 마르코 폴로 여행 시작(~1295)
- 1249년 수코타이 왕국 건설
- 1293년 마자파힛 왕국 건설
- 1325~1354년 이븐 바투타 여행 시작
- 1346년 남인도 비자야나가르 왕국 건설
- 1420년 믈라카 왕국 건설

1 유럽 문화권

학습목표
- 중세 유럽의 크리스트교 동서 분열과 이슬람 세계와의 충돌과 교류 과정을 이해한다.
- 크리스트교를 중심으로 살아간 중세 유럽 사람들의 생활 모습을 이해한다.

학습내용
01 프랑크 왕국의 분열
02 중세, 성과 도시
03 중세, 크리스트교 세계
04 십자군 전쟁(1096~1272)

공부하고 지도에 표시하기

01 프랑크 왕국의 분열

프랑크 왕국의 분열과 노르만족의 이동으로 오늘날 유럽을 구성하는 나라들이 자리잡아 가는 모습을 알아봅시다.

● 프랑크 왕국 세 나라로 나누어지다

4세기에 게르만족은 로마 제국 영토 안으로 이동해 서유럽에 자리잡았다. 게르만족이 세운 프랑크 왕국의 카롤루스 대제는 크리스트교를 중심으로 로마 문화와 게르만 문화가 섞인 중세 서유럽 문화의 기틀을 마련하였다. 왕이 죽으면 아들들에게 왕국을 골고루 나누어 주는 프랑크족의 관습에 따라 카롤루스 대제가 죽은 후 프랑크 왕국은 서프랑크 왕국(프랑스), 중프랑크 왕국(이탈리아), 동프랑크 왕국(독일)으로 쪼개 세 아들에게 상속되었다. 이렇게 세 개의 왕국으로 나누어져 프랑크 왕국은 황제의 권한이 약화되었다.

● 노르만족(바이킹)의 이동 현대 유럽의 틀 완성

9~10세기 무렵 서유럽이 프랑크 왕국의 분열로 혼란스러울 때 남쪽에서는 이슬람 세력이, 동쪽에서는 마자르족이, 북쪽에서는 노르만족이 서유럽으로 침입했다. 이 중 북쪽 사람들이란 뜻의 해양 민족인 노르만족(바이킹)은 배 타는 기술이 뛰어났다. 이들의 배는 수심이 얕은 강에서도 항해할 수 있어 유럽 바다에서 강폭이 좁은 유럽 내륙까지 손쉽게 들어와 약탈을 일삼다가 점차 정착해 노르만족 왕국을 세웠다. 프랑스 서북 지방 노르망디 공국, 영국 노르만 왕국, 이탈리아 나폴리 왕국·시칠리아 왕국, 러시아 노브고로트 공국·키예프 공국, 스칸디나비아 반도의 스웨덴·덴마크·노르웨이 등이 모두 노르만족이 세운 나라이다.

>> **1** 서유럽의 기틀을 마련한 프랑크 왕국의 변화를 살펴봅시다.

1 프랑크 왕국은 어느 민족이 세웠나요?

2 서유럽의 기틀을 마련한 왕은 누구인가요?

3 프랑크 왕국이 세 왕국으로 분열된 이유는 무엇인가요? 지도에서 세 왕국을 찾아보세요.

>> **2** 세 왕국으로 분열되어 혼란스러운 프랑크 왕국은 누구의 침입을 받나요?

>> **3** 유럽의 북쪽에 살던 노르만족에 대해 알아봅시다.

1 원래 노르만족이 살던 스칸디나비아 반도를 찾아보세요.

2 노르만족은 어떻게 서유럽 내륙 지역에까지 들어올 수 있었나요?

◀ 바이킹 배

3 노르만족이 서유럽에 세운 왕국 이름과 현재 어느 나라에 속해 있는지 지도에서 찾아 쓰세요.

지도 번호	왕국 이름	현재 나라
㉠		
㉡		
㉢		
㉣		
㉤		

02 중세, 성과 도시

중세 유럽의 성과 도시를 통해 중세 유럽 사람들의 생활 모습을 알아봅시다.

● 중세 유럽 사람들   성(부르크)을 쌓다

서유럽 사람들은 여러 민족의 침입으로 심각한 타격을 입자 자신의 생명과 재산을 보호하기 위해 성을 쌓고, 힘이 강한 사람이 약한 사람을 보호해 주고 그 대가로 충성을 바치는 사회 제도를 만들었다. 힘 있는 왕과 영주들은 기사에게 땅을 주고 자신의 군인으로 삼고 높은 언덕 위에 튼튼한 벽을 쌓고 군대가 머무는 요새를 만들었다. 힘 없는 중세 유럽 사람들은 일할 땅과 보호를 받기 위해 영주의 농노가 되었다. 영주를 따르는 사람이 많아질수록 성벽은 더 높고 튼튼해졌고, 영주의 가족과 기사와 하인들이 머무는 저택이 생겨났다.

성에는 적을 막기 위한 여러 방어 시설이 있었다. 성 둘레에는 땅을 깊이 파서 참호를 만들고, 물을 채워 해자를 만들었다. 돌로 된 높은 성벽 너머에는 더 높은 성벽과 망루를 만들어 적의 침입을 감시하고 적을 공격했다. 성벽에는 조그만 구멍을 만들어 적에게 화살을 쏘았다. 영주는 성에서 행정, 재판, 연회 등을 하였고 점차 성은 영주의 정치, 사회 활동의 장소로 발전했다. 전쟁이 일어나면 농노들도 성으로 피난을 갔다. 성은 그 지역의 중심지가 되었고, 왕과 영주는 더 크고 멋진 성을 쌓아 자신의 힘을 드러냈다.

● 중세 도시   자유의 공기

서유럽은 성을 중심으로 사람들이 정착하면서 안정을 찾아 1000년경 3000만 명이던 인구가 1300년에는 7400만 명으로 늘어났다. 이렇게 사람이 많아지고 생산물이 많아지자 유럽 각 지역에 시장이 생기고 상인과 수공업자들이 시장에 모여 살면서 중세 도시가 탄생했다. 도시에 사는 사람들은 방어를 중요하게 생각해 성(부르크)을 쌓고 성벽 안에 살았다. 그래서 이 때 세워진 도시들인 함부르크, 룩셈부르크, 로텐부르크, 에딘버러 등은 모두 성을 뜻하는 부르크라는 이름이 들어간다. 왕에게 자치권을 사서 정치적으로 자유로워진 도시들은 자신들의 힘을 보여주기 위해 더 높은 성벽을 쌓고 탑을 세웠다. 도시의 경제 생활을 책임지는 시장 광장은 물건을 사고팔 뿐 아니라 자유로운 도시의 공기를 호흡하고 싶어하는 사람들로 북적였다. 시장 광장 주변에는 왕으로부터 독립한 것을 상징하는 행정기관인 시청과 도시를 상징하는 화려하고 영광스러운 건물인 교회를 세웠다.

>> **1** 중세 유럽 사람들이 쌓은 성에 대해 살펴봅시다.

1. 중세 유럽 사람들은 성을 어디에 쌓았나요? 성을 쌓은 이유는 무엇인가요?

2. 다음 사진을 보고 성의 군사 시설을 찾고 어떤 역할을 하는지 설명해 보세요.

   망루   작은 구멍   성벽

3. 성을 중심으로 살아가는 중세 유럽 사람들의 모습을 살펴봅시다.

   〈베리공의 매우 호화로운 기도서〉

   - 기사, 귀족, 농노를 찾아보세요. 무엇을 하고 있나요?
   - 성 안과 성 밖을 그린 그림을 구별해 보세요.
   - 성 안과 성 밖을 나누는 해자를 찾아보세요.

   1월 신년 축하연   10월 밀 파종

>> **2** 중세 도시가 생겨난 이유는 무엇일까요?

>> **3** 중세 도시의 꽃이라 불리는 독일 로텐부르크에서 다음 건물을 찾아보세요.

로텐부르크 오프데어 타우버
(강 위의 붉은 요새)

1. 도시의 중심이 되는 경제생활 장소?
2. 도시가 정치적으로 자유롭다는 의미를 가진 행정 기관?
3. 도시 사람들의 힘을 보여 주는 상징물?
4. 도시를 상징하는 가장 영광스런 건물?

㉠ 시장 광장   ㉡ 시청   ㉢ 탑   ㉣ 교회

03 중세, 크리스트교 세계

1000년 무렵에는 대부분의 유럽 지역이 크리스트교로 개종했고, 유럽 사람들은 교회를 가장 중요하게 생각하고 교회 중심으로 생활을 해 나갔습니다.

● 중세 크리스트교 　동서 분열

프랑크 왕국의 카롤루스 대제가 크리스트교를 전파한 이후 중세 유럽 사람들은 대부분 크리스트교를 믿었다. 시간이 지나면서 크리스트교 세계는 콘스탄티노플 중심의 동방 교회와 로마 중심의 서방 교회로 나누어졌다. 동방 교회에서는 예수나 마리아 등의 조각과 그림 숭배에 대한 논쟁이 일어나 우상 숭배를 금하는 크리스트교 교리에 따라 예수의 조각과 그림을 파괴했는데, 서방 교회에서는 성상 파괴에 동의하지 않아 동방 교회는 정교회, 서방 교회는 로마 가톨릭 교회로 영원히 나누어졌다.

● 중세 사람들의 삶 　교회와 함께하는 삶

중세 속담 중에 "교회를 떠나서는 태어날 수도 죽을 수도 없다!"라는 말이 있다. 중세 유럽 사람들은 출생에서 결혼, 죽음까지 모두 교회와 함께했다. 중세에는 문자를 아는 사람이 거의 없어 그림, 조각을 통해 신앙심을 전달하는 것이 효과가 있었다. 교회 현관 장식은 돌로 만든 성경과 같은 역할을 해 사람들에게 참된 신앙심과 믿음을 불러일으켰고 예배, 헌금, 기도는 하나님께 구원을 받아 지옥에 가지 않기 위한 필수 조건이었다. 교회는 중세 유럽인들의 삶의 중심이 되었고 교회 건축은 중세 사람들에게 가장 중요한 일이었다. 중세 유럽의 건축, 조각, 그림은 대부분 교회에서 주문 제작한 것이어서 성경에 나오는 성인이나 사건들을 표현하고 있다.

>> **1** 다음 지도를 보고 서유럽과 비잔티움 제국을 구분해 보세요. 동서로 분리된 크리스트교는 각각 어떻게 부르나요? 동서로 분리된 이유는 무엇인가요?

서유럽

비잔티움 제국

>> **2** 교회가 중세 유럽 사람들의 삶의 중심이 된 이유는 무엇인가요?

>> **3** 중세 유럽 문화를 가장 잘 표현한 교회에서 중세 문화의 특징을 찾아보세요.

중세 유럽 교회는 처음에는 고대 로마 양식을 바탕으로 한 로마네스크 양식으로 지었다. 창문이나 문 윗부분 등을 로마식 둥근(아치) 모양과 길게 늘어선 기둥, 성경의 내용을 돌로 된 조각 부조로 장식했다. 교회는 차츰 고딕 양식으로 변경, 확장되거나 다시 지어졌다. 고딕 양식은 신의 손가락이라 불리는 뾰족한 첨탑과 천국을 향한 소망을 표현한 화려한 스테인드글라스 창, 금 장식물이나 조각 등으로 호화롭게 장식되었다.

1 독일 쾰른 대성당을 보고 로마네스크 양식과 고딕 양식을 찾아보세요.

로마네스크 양식

고딕 양식

▶ 독일 쾰른 대성당

2 다음 쾰른 성당의 아름다운 스테인드글라스 창을 감상해 봅시다. 왜 교회 안을 어둡게 하고 화려한 스테인드글라스 창을 만들었을까요?

왜 돌을 맞고 있는 장면을 그렸을까요?

예수와 마리아를 찾아보세요.

04 십자군 전쟁(1096~1272)

크리스트교 세계와 이슬람교 세계가 충돌한 십자군 전쟁으로 중세 서유럽이 어떠한 변화를 맞이하는지 알아봅시다.

● 동서 문화의 충돌 — 십자군 원정

11세기 후반 중세 유럽은 상업과 도시가 발달해 안정기를 맞이했다. 같은 시기 서아시아의 이슬람 세계를 통일한 셀주크튀르크는 예루살렘을 차지하고 비잔티움 제국을 공격했다. 이슬람 세력의 공격을 받은 비잔티움 제국의 황제는 로마 교황과 유럽 여러 나라에 도움을 요청했다. 로마 교황은 이 요청을 받아들여 '성지 예루살렘을 되찾자'는 구호를 내걸고 이슬람과의 전쟁을 선포했다.

"그리스도의 군사들이여, 가서 거룩한 땅을 구하기 위해 싸우고 이교도의 피로 여러분의 손을 씻으시오……."

등과 가슴에 붉은 십자가를 수놓은 옷을 입었다고 해서 이름 붙여진 이 '십자군'에는 기사들뿐만 아니라 추수를 마친 농민들과 거지들, 온갖 불량배들까지 포함되어 있었다. 가난한 농민들은 종교적 열정으로 제대로 무장도 하지 않은 채 떠났고, 귀족과 기사들은 새 정복지를 얻으려고 떠났고, 상인들은 이슬람 제국이 독점하고 있던 지중해 무역을 빼앗고자 참가했다. 십자군은 원정에 필요한 모든 물품을 현지에서 조달했기 때문에 예루살렘으로 향하는 원정로 주변의 도시와 마을에는 약탈과 방화가 끊이지 않았다. 교황은 전쟁에서 승리하여 교황의 권위를 높이고자 1096년부터 1272년까지 약 200년 간 여덟 차례나 원정을 떠났지만 결국 이슬람 세력의 승리로 막을 내렸다.

● 십자군 전쟁 이후 — 서유럽의 변화

유럽은 십자군 전쟁으로 1000여 년 동안 교회를 중심으로 형성된 정신적 공동체에 금이 가기 시작했다. 원정의 실패로 교회와 교황의 권위는 크게 약화되었고, 전쟁에 참가한 영주들은 몰락했다. 하지만 유럽 사람들은 십자군 전쟁을 통해 비잔티움 제국과 이슬람 제국의 앞선 문물과 지식을 접하게 되었다. 평생 한곳에서만 살던 농민들은 콘스탄티노플의 화려한 건물, 진기한 물건, 깨끗한 도시와 활기찬 주민들을 보고 문화적 충격을 받았다. 십자군 중 일부는 전쟁이 끝나도 고향으로 돌아가지 않고 동방과 가까운 이탈리아로 모여들어 이탈리아는 더욱 번성한 상업 도시가 되었고 중국, 인도, 이슬람, 비잔티움으로 연결되던 상업, 문화 교류에서 배제된 서유럽이 세계 무대에 진출하는 계기가 되었다.

» **1** 다음은 십자군 전쟁과 관련이 있는 세 나라입니다. 이 세 나라의 관계를 통해 십자군 전쟁이 일어난 배경을 설명해 보세요.

셀주크튀르크 → 비잔티움 제국 → 서유럽 국가

» **2** 서유럽 사람들은 왜 십자군이 되어 지중해 지역으로 원정을 떠났을까요? 다음 예루살렘을 점령한 십자군 그림 속 인물들을 보면 이야기해 보세요.

교황 / 기사 / 상인 / 농민

» **3** 다음 중 십자군 전쟁의 결과가 아닌 것을 고르세요.

- ☐ 힘을 잃은 교황
- ☐ 크리스트교만 남은 예루살렘
- ☐ 서유럽에 들어온 이슬람, 콘스탄티노플의 선진 문물
- ☐ 영주의 몰락
- ☐ 이탈리아 상업 도시 번성
- ☐ 크리스트교 공동체의 붕괴

11

중세 유럽 사람들의 생활

〈베리 공작의 호화로운 기도서〉를 보면 중세 유럽 사람들의 생활 모습을 잘 알 수 있습니다. 기도서를 보고 귀족과 농노의 생활을 비교해 보세요.

1월 신년 축하연 귀족 → 농노 2월 겨울 농가

5월 산책 귀족 → 농노 6월 풀 베기

2 이슬람 문화권

학습목표
- 튀르크족이 이슬람 세계의 새 주인으로 등장하는 과정을 이해한다.
- 이슬람교가 아프리카로 퍼져 나가 형성된 아프리카의 이슬람 문화를 이해한다.

학습내용
01 이슬람의 새 주인 – 튀르크
02 크리스트교 세계를 공격하는 셀주크튀르크
03 아프리카로 간 이슬람교
04 아프리카 이슬람 세계 – 이집트

공부하고 지도에 표시하기

01 이슬람의 새 주인 – 튀르크

11세기 튀르크족이 광대한 이슬람 제국을 정복하고 이슬람 세계의 새 주인이 되는 과정을 알아봅시다.

● 이슬람 제국의 새 주인 — 셀주크튀르크

이슬람 제국의 힘이 약해져 가던 10세기 무렵, 중앙아시아에서 유목 생활을 하며 살던 튀르크족 중 셀주크가 이끄는 부족이 중앙아시아 남쪽으로 이동해 이슬람 영역으로 들어와 이슬람교로 개종했다. 셀주크의 손자 토그릴 베그는 1037년 페르시아를 정복한 후 할아버지 셀주크의 이름을 딴 셀주크튀르크 제국을 세우고 이슬람의 지배자들을 차례로 무찌르며 세력을 확장해 갔다. 1055년 토그릴 베그는 무함마드의 후계자 칼리프가 있는 바그다드를 침략하는 이슬람 세력들을 물리쳐 달라는 칼리프의 부탁을 받고 이들을 물리쳐 준 대가로 칼리프한테 술탄의 칭호를 받았다. 칼리프는 바그다드에서 이슬람 종교 지도자로서 상징적인 의미만 갖고, 셀주크튀르크 술탄이 이슬람 세계의 새로운 정치 지배자로 인정받은 것이다. 셀주크튀르크는 이슬람 제국 내 영토를 대부분 점령해 이슬람교와 크리스트교의 성지인 예루살렘을 차지한 후 서서히 비잔티움 제국의 소아시아 반도를 넘보기 시작했다.

>> **1** 이슬람교가 탄생한 아라비아 반도에 대해 알아봅시다.

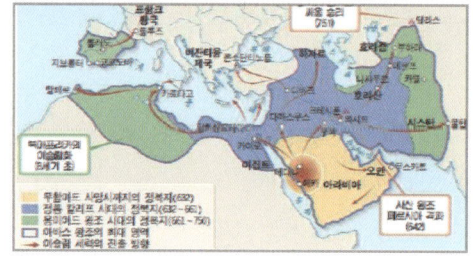

1 이슬람교를 만든 사람은 누구인가요? 어디에서 태어났나요?

2 이슬람 제국의 최대 영역을 표시해 보세요.

  아라비아 반도   북아프리카   이베리아 반도   중앙아시아

4 이슬람교의 사원 모스크에서 이슬람 문화의 특징을 찾고 역할을 말해 보세요.

  아라베스크 무늬   초승달과 별   미나레트   돔

>> **2** 새롭게 이슬람의 주인이 된 셀주크튀르크를 살펴봅시다.

1 튀르크족의 발흥지를 찾아보세요. 어느 대륙에서 어떤 생활을 했나요?

◀ 중앙아시아 몽골 고원

2 다음 지역을 지도에서 찾고, 그 지역에 대해 설명해 보세요.

3 바그다드의 칼리프는 셀주크튀르크의 토그릴 베그한테 어떤 칭호를 내려 주었나요? 그 뜻은 무엇인가요?

>> **3** 튀르크족이 정착한 곳인 오늘날 터키에 대해 알아봅시다.

① 수도 : (   )
② 면적 : 783,562㎢
③ 인구 : 약 7,984만 명
④ 종교 : 이슬람교 (99.8%)

1 소아시아에 정착했던 나라를 모두 고르세요.

고려   히타이트   트로이   비잔티움 제국   셀주크튀르크

2 아시아와 유럽의 경계에 있는 터키의 문화적 특징을 설명해 보세요.

고대 그리스 로마 + 크리스트교 + 이슬람교

02 크리스트교 세계를 공격하는 셀주크튀르크

> 셀주크튀르크가 이슬람 세계의 새 지배자가 된 후 어떻게 크리스트교 세계를 침입하여 영토를 확장해 가는지 알아봅시다.

● 이슬람 세계와 크리스트교 세계의 충돌   만지케르트 전투

토그릴 베그에 이어 2대 술탄이 된 알프 아르슬란은 본격적으로 비잔티움 제국을 공격했다. 1071년 셀주크튀르크는 비잔티움 제국의 소아시아로 쳐들어가 만지케르트에서 전투를 벌였다. 만지케르트 전투는 셀주크튀르크의 승리로 끝났고 비잔티움 황제를 포로로 붙잡는 성과를 올렸다.

알프 아르슬란 술탄

술탄: 만약 내가 그대의 포로가 되었다면 그대는 어찌하겠소?
황제: 아마 죽이거나 콘스탄티노플 거리를 끌고 다녔을 거요.
술탄: 나의 처벌은 그보다 더 잔인하다오. 그대를 용서하지. 그대의 나라로 돌아가시오.

만지케르트 전투 이후 비잔티움 제국 로마누스 황제는 콘스탄티노플로 돌아갔지만 반대 세력에게 두 눈을 잃고 유배를 갔고, 비잔티움 제국은 풍족한 곡창 지대인 소아시아의 지배권을 상실했다. 만지케르트 전투는 비잔티움 제국 멸망의 시작이자 십자군 원정의 간접적인 원인이 되었다. 1087년에 셀주크튀르크는 동쪽으로 중국, 서쪽으로 비잔티움 제국과 국경을 이루며 최대의 전성기를 누렸고, 바그다드의 칼리프한테 '동방과 서방의 술탄'이라는 칭호를 받았다.

로마누스 황제

》》 **1** 다음은 만지케르트 전투 후 셀주크튀르크 술탄이 비잔티움 황제의 항복을 받고 있는 장면입니다. 두 사람의 대화를 상상해서 써 보세요.

알프 아르슬란 술탄   **로마누스 황제**

» 2 만지케르트 전투 이후 셀주크튀르크의 영역을 살펴봅시다.

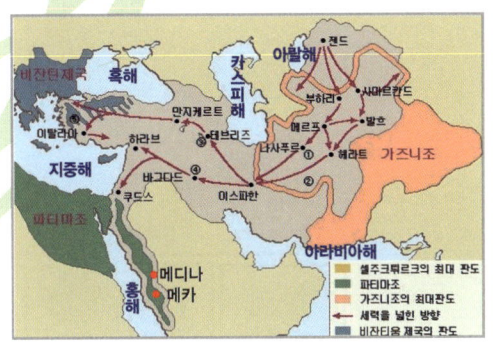 

1 셀주크튀르크와 비잔티움 제국의 전투가 벌어진 만지케르트를 지도에서 찾아보세요.

2 만지케르트 전투 이후 셀주크튀르크의 최대 영역을 표시해 보세요.

젠드 사마르칸트 이스파한 바그다드 소아시아 아라비아 반도

3 셀주크튀르크 영역에 속하는 바다를 모두 표시해 보세요.

지중해 흑해 카스피해 아랄해 홍해 아라비아해

4 과거 셀주크튀르크 영역에 속하는 국가들을 위의 지도에서 찾아보세요.

5 만지케르트 전투가 십자군 전쟁의 출발점이 된 이유는 무엇일까요?

» 3 만지케르트 전투 이후 소아시아는 크리스트교 세계에서 이슬람 세계로 변화합니다. 다음 사진을 보고 그 변화를 설명해 보세요.

성 요한 교회 + 셀주크 튀르크 성채 + 이슬람 모스크   캐시크 미나레 (터키 안탈랴)   이블리 미나레 (터키 안탈랴)

03 아프리카로 간 이슬람교

이슬람교는 최초의 인류가 탄생한 아프리카 대륙으로도 전파되었습니다. 아프리카 대륙에 이슬람교가 전파되는 과정을 알아봅시다.

》》 1 지도를 통해 아프리카 대륙을 살펴봅시다.

1 아프리카 대륙을 남북으로 나누는 기준이 되는 사막을 찾아보세요.

아프리카 대륙의 약 1/3을 차지하는 세계에서 가장 큰 사막

사하라 사막

2 동아프리카는 인류가 탄생한 곳이란 것을 알려주는 화석이 많이 발견되는 곳입니다. 지도에서 동아프리카 지역을 표시해 보세요.

▲ 오스트랄로피테쿠스 발자국

3 북아프리카는 아프리카 신석기 문화를 알 수 있는 벽화가 있습니다. 지도에서 북아프리카 지역을 표시해 보세요.

가장 먼저 만들어진 대륙은 땅 속에 광물이 많아요~

타실리나제르 벽화

4 남아프리카는 금과 다이아몬드 등 지하자원이 풍부해 아프리카가 가장 오래된 대륙이란 것을 알려 줍니다. 지도에서 남아프리카 지역을 표시해 보세요.

황금

5 서아프리카는 사하라 사막으로 가로막힌 아프리카 남북을 이어주는 곳입니다. 8세기 가나 왕국은 북아프리카의 소금과 청동 무기를 남아프리카 황금과 교환하는 중계무역으로 번영했습니다. 지도에서 서아프리카 지역을 표시해 보세요.

가나 왕국

» **2** 아프리카 대륙의 이슬람 왕국인 말리 왕국을 살펴봅시다.

아프리카 사하라 사막은 북아프리카와 나머지 아프리카를 가로막는 장벽이었다. 북아프리카는 고대부터 지중해 세계에 포함되어 무역과 문화 교류가 활발해 7세기부터 이슬람 세계에 속했다. 이슬람 상인들은 사하라를 건너 소금, 옷감, 말, 칼, 책 등을 남아프리카 황금이나 노예와 교환하고 이슬람교를 전파했다. 1235년 서아프리카 만딩고족 순디아타 케이타는 이슬람 왕국 말리를 세웠다. 말리 왕국은 앞서 황금 무역으로 번영한 가나 왕국을 지배하고 전 세계 황금의 2/3를 생산하며 서아프리카를 대표하는 이슬람 왕국으로 발전했다. 1324년 말리 왕국의 왕 만사 무사가 메카 순례를 떠날 때 비단옷을 입은 노예 1만 2000명을 데리고, 낙타 80마리에 11톤의 황금을 싣고 가며 가난한 사람들에게 황금을 나누어 줄 정도였다고 한다.

1 이슬람교가 가장 먼저 전파된 아프리카 지역은 어디인가요? 어느 바다와 접해 있나요?

2 서아프리카의 황금 무역을 주도한 가나 왕국을 찾아보세요. 가나 왕국이 멸망한 이유는 무엇인가요?

3 서아프리카 이슬람 왕국 말리를 찾아보세요.

» **3** 말리 왕국 젠네는 상인들의 교역 장소로 웅장한 모스크를 세울 만큼 번영을 누렸습니다. 젠네 대모스크와 이슬람 모스크를 비교해 보세요.

아프리카에서 구하기 쉬운 재료인 흙으로 지은 젠네 모스크는 세계에서 가장 큰 흙 모스크로 주름진 외벽에 나무 기둥이 돌출해 있고, 위로 풍요와 순결을 의미하는 타조알을 얹고 주름 꼭대기에는 뾰족한 탑들이 있다. 외벽 나무 기둥들은 흙벽을 지탱하고 7~8월 짧은 우기가 지난 후 흙을 덧칠할 때 사다리 역할을 한다. 젠네 모스크는 이슬람과 아프리카 전통 문화의 혼합을 보여 준다.

이슬람 모스크

젠네 모스크

04 아프리카 이슬람 세계 - 이집트

600년대 이후 고대 문명의 탄생지 이집트에 이슬람교가 전파되면서 어떠한 변화가 일어났는지 알아봅시다.

>> **1** 앞에서 배운 이집트 문명을 정리해 봅시다.

① 이집트를 둘러싸고 있는 사막과 바다를 지도에서 찾아 써 보세요.

사막 :

바다 :
----

② 이집트에서 문명이 시작된 강과 강의 범람으로 생겨난 농사지을 수 있는 땅을 표시해 보세요.

◀ 현재의 나일강

③ 이집트에서 문명이 탄생한 이유는 무엇인가요?

④ 고대 이집트를 다스리던 지배자를 무엇이라 부르나요? 다음 이집트 지배자와 관련된 문화유산의 이름과 용도를 써 보세요.

⑤ 이집트 사람들은 죽은 뒤에 일어날 일을 어떤 문자를 사용해 기록했나요? '사자의 서'를 참고해 죽은 뒤 일어나는 일을 이야기해 보세요.

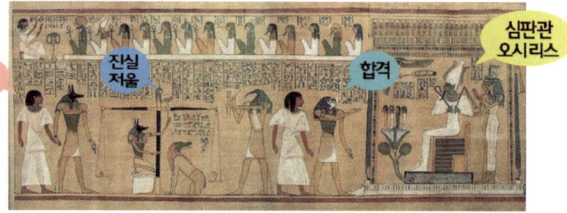

20

» 2 여러 신을 믿던 고대 이집트가 이슬람교의 전파로 어떤 변화를 겪게 되는지 살펴봅시다.

642년 이슬람 세력은 아라비아 반도를 넘어와 이집트를 점령하고 고대부터 비잔티움 제국까지 이집트의 중심 도시였던 알렉산드리아를 떠나 카이로를 중심지로 삼았다. 이후 이집트의 이슬람 왕조는 아시아, 아프리카, 지중해, 홍해를 잇는 카이로에 모스크, 시장, 공중목욕탕 등을 만들고 국제 도시로 발전시켰다.

1 이슬람 세력이 이집트를 점령한 연도는 언제인가요?

2 다음 지역을 지도에서 찾고, 이 지역의 의미를 설명해 보세요.

아라비아 반도 ➡ 알렉산드리아 ➡ 카이로

» 3 이슬람교가 전파되면서 이집트는 어떤 변화가 생겼는지 아래 낱말들과 관련있는 것들끼리 연결해 보세요.

① 지배자-파라오

② 피라미드

③ 신전

④ 상형문자

▲이집트 술탄

▲ 아랍어가 새겨진 모스크 장식물

▲술탄 하산 모스크-하산 무덤

▲술탄 하산 모스크

다양한 이슬람교의 모습

아라비아 반도를 중심으로 성장한 이슬람교는 세계 여러 지역으로 퍼져 나가면서 각 지역의 특성에 맞게 조금씩 다른 모습을 보입니다. 각 지역의 이슬람 문화의 특징을 설명해 보세요.

1

터키(튀르크) 안탈랴 캐시크 미나레

2

말리 왕국 젠네 모스크

3

이집트 술탄 하산 모스크

3 인도 · 동남아시아 문화권

학습목표
- 북인도와 남인도의 서로 다른 문화와 성장 과정을 이해한다.
- 동남아시아 왕국들이 해상 무역을 통해 성장해 가는 과정을 이해한다.

학습내용
01 북인도 – 델리 술탄 왕국
02 남인도 – 비자야나가르 왕국
03 동남아시아의 향신료 교역
04 동남아시아 나라들

공부하고 지도에 표시하기

01 북인도 – 델리 술탄 왕국

이븐 바투타의 여행기를 통해 북인도의 이슬람 세력이 세운 델리 술탄 왕국의 번영을 알아봅시다.

● 델리 술탄 왕국(1206~1526)의 번영

이슬람 세력은 인도 북쪽을 점령한 후 델리를 수도로 이슬람 왕국을 세워 약 300여 년 동안 북인도를 지배했다. 이 시기를 델리 술탄 시대라고 부른다. 델리 술탄 왕국은 1206년부터 1526년까지 5개 왕조가 지속되었고, 이 시기에 카스트 제도의 하층민에 속하는 힌두교도들이 이슬람교로 많이 개종해 이슬람교가 인도에 널리 퍼져 나갔다. 델리 술탄 왕국은 당시 이슬람 세계에서 가장 부유한 나라로 이름을 날렸다.

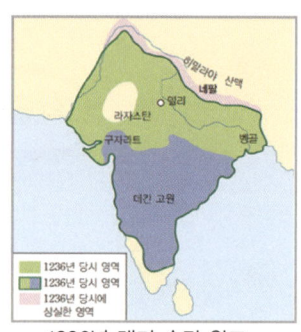
1236년 델리 술탄 왕조

● 이븐 바투타(1304~1368)가 본 델리 술탄 왕국

1333년 델리 술탄 왕국 시기에 한 여행자가 인도에 들어왔다. 바로 북아프리카 모로코 탕헤르 출신의 위대한 여행가 이븐 바투타였다. 전통적인 무슬림 집안에서 자란 이븐 바투타는 1325년 21세 때 고향을 떠나 성지 순례 길에 나섰다. 북아프리카, 이집트를 거쳐 메카와 메디나 성지 순례를 마친 후 오늘날의 터키, 러시아, 파키스탄을 거쳐 인도 델리에서 9년 동안 머무르다가 동남아시아와 중국을 거쳐 1349년 고국으로 돌아가 자신의 여행 경험을 바탕으로 〈여행기〉를 썼다. 이븐 바투타의 여행은 14세기 전반에 이미

이븐 바투타

전 세계에 널리 퍼진 이슬람교 덕분에 가능했다. 이슬람 세계가 넓은 지역을 지배하고 있어 공용어인 아랍어를 이해하는 사람이 어디에나 있었고, 이슬람 세계에 공통된 이슬람 법이 통용되고 있어서 우수한 이슬람 법학자였던 이븐 바투타는 각 지역의 통치자인 술탄들로부터 환영을 받았다. 델리의 술탄 역시 이븐 바투타를 크게 반기며 왕궁의 법관으로 채용했고, 나중에는 중국 황제에게 보내는 사절단 대표로 삼기도 했다.

델리 술탄 왕국에 대해 〈이븐 바투타 여행기〉에는 이렇게 쓰어 있다.

"델리는 웅장한 도시로서 아름다움과 튼튼함을 겸비하고 있다. 이곳에는 이 세상 어디에도 유례가 없는 성벽이 있다. 델리는 인도뿐만 아니라 동방 이슬람에서도 가장 큰 도시로, 땅이 넓고 건물도 많다. (……) 술탄의 행렬이 지나가는 성문부터 궁궐 문까지 이어지는 거리의 벽은 온통 비단으로 장식한다. 비단을 깔아 그 위를 술탄 행렬이 밟고 지나간다. 행렬 앞에는 수천 명의 노예 보병이 걸어가고, 그 뒤에는 수많은 사람과 군사들이 따라간다. 언젠가 술탄이 수도로 돌아오는 걸 봤는데, 3~4문의 화포를 실은 코끼리 부대가 환영 인파를 향해 금전과 은전을 마구 쏘아대니, 사람들은 그걸 줍느라고 야단법석이었다."

>> **1** 약 300여 년 동안 북인도를 지배한 델리 술탄 왕국에 대해 살펴봅시다.

1. 술탄이란 무엇인가요?

2. 왜 델리 술탄 왕국이라고 부르나요? 지도에서 델리를 찾아보세요.

3. 이 시기에 이슬람교가 널리 퍼질 수 있었던 이유는? 지도에서 이슬람화된 지역을 찾아보세요.

>> **2** 이븐 바투타가 인도로 오기까지의 여정을 지도에 표시해 봅시다.

북아프리카 모나코 탕헤르 출발 → 지중해 → 이집트 카이로 → 아라비아 반도 → 소아시아 → 흑해 → 카스피 해 → 인도 델리

>> **3** 이븐 바투타 여행기 속 북인도의 델리 술탄 왕국을 살펴봅시다.

1. 델리 술탄 왕국의 술탄이 이븐 바투타를 법관으로 삼은 이유는 무엇인가요?

2. 이븐 바투타 여행기 속 델리의 모습을 다음 낱말을 이용해 설명해 보세요.

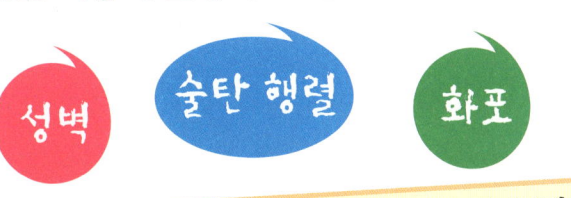

델리 투글루카바드 유적(성벽)

델리 투글루카바드 술탄 무덤

델리 술탄 왕국 건축의 특징인 기울어진 성벽을 찾아보세요.

이슬람교 문화인 무덤과 돔을 찾아보세요.

02 남인도 - 비자야나가르 왕국

남인도의 힌두 왕국인 비자야나가르 왕국은 향신료 무역으로 번영을 누리며 당시 해상 무역을 주도했습니다.

● 비자야나가르 왕국의 번영

인도 북부 지방에 델리 술탄 왕국이 번영을 누리고 있을 때 인도 남부 지방에는 비자야나가르 왕국이 해상 무역으로 번영을 누리고 있었다. 1340년대에 세워진 비자야나가르 왕국은 북부의 이슬람 세력과 싸우며 남부 지방을 통일하여 남인도 전체를 지배하는 최대 힌두교 왕국으로 성장했다. 비자야나가르 왕국은 혼란과 분열을 겪던 힌두교를 안정시키고 많은 힌두 사원을 세워 남인도의 힌두 문화를 발전시켰다.

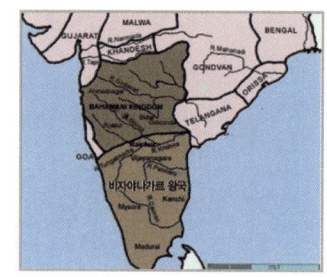
비자야나가르 왕국

● 인도양의 해상 무역

남인도는 3면이 바다로 둘러싸인 지리적 장점을 이용해 일찍부터 해상 무역이 발달했다. 비자야나가르 왕국은 14~15세기에 번성한 인도양 해상 무역을 장악하고 향신료와 예쁜 그림을 그려 넣은 면제품을 페르시아 만과 홍해를 통해 유럽에 내다 팔았고, 동서에서 인도양으로 들어온 물건들은 인도 북쪽의 델리 술탄 왕국에 팔아 엄청난 부를 축적했다. 1443년 페르시아 대사 압둘 라자크는 함피를 방문하고 다음과 같은 글을 남겼다.

"이런 도시는 눈으로 본 적도 존재한다고 들은 적도 없다. 음식은 넘쳐나고 사람들은 온 몸을 장미로 치장하고 있다. 시장에는 각종 비단과 진주, 에메랄드, 사파이어 등의 보물이 넘쳐난다."

이븐 바투타는 인도를 떠날 때 남인도 말라바르 해안의 대표 항구 캘리컷의 모습을 다음과 같이 이야기했다.

이슬람 상인들

"세계 방방곡곡의 상인들이 이곳에 모여들었다. 세계적으로 큰 항구 중 하나다. 중국, 자와, 예멘, 페르시아에서도 온다. 이곳의 지배자는 힌두 왕이며, 장사는 이슬람 상인들이 잡고 있고, 숱한 선박을 보유하고 중국·예멘·페르시아와 교역하는 선박 왕이 있다. 항구에는 중국 선박 13척이 정박해 있고, 큰 중국 선박에는 1000명이 승선했다."

>> **1** 북인도와 남인도로 나누어진 인도를 살펴봅시다.

① 다음 빈 칸을 채우며 남북으로 나뉜 인도를 정리합시다.

	북인도	남인도
중심지		
왕국		
종교		

② 인도의 삼면을 감싸는 바다를 지도에서 찾아보세요.

③ 교역의 중심지 말라바르 해안과 대표 항구 캘리컷을 지도에서 찾아보세요.

④ 인도의 중심 교역 물품은 무엇인가요?

>> **2** 남인도 힌두 왕국 비자야나가르 왕국의 힌두교 사원을 살펴 봅시다.

비루팍샤 사원

비루팍샤 사원 내부

비탈라 사원

비탈라 사원 내부

크리슈나 사원

- 어디서나 볼 수 있도록 만든 높이 50m의 탑
- 동전을 주면 코로 축복을 내려주는 코끼리
- 큰 바위를 통째로 깎아 만든 비슈누 신의 돌마차
- 사자의 모습으로 다시 태어난 비슈누 신
- 얇은 돌기둥을 치면 기둥마다 다른 소리가 나는 음악 기둥

03 동남아시아의 향신료 교역

13~15세기 태평양과 인도양을 연결하는 통로인 동남아시아는 향신료 교역으로 번영을 누렸습니다.

>> **1** 동남아시아의 지리적 특징을 살펴봅시다.

① 동남아시아를 이루는 반도와 섬을 지도에서 찾아 써 보세요.

반도

섬

② 동남아시아는 반도를 통해 내륙으로 인더스 문명과 황하 문명을 일군 두 국가 사이에 위치해 있습니다. 두 나라를 지도에서 찾아보세요.

③ 인도와 중국을 통해 전해 받은 대표적인 문화는 무엇인가요?

인도네시아 자와 섬 보로부두르 사원

캄보디아 앙코르와트 사원

④ 동남아시아의 섬들은 어느 바다와 연결되는지 지도에서 찾아보세요. 동남아시아 사람들은 고대부터 바다를 통해 무엇을 하였나요?

≫ 2 인도와 중국을 통해 문화를 전해 받아 성장하던 동남아시아가 새로운 교역의 중심지로 떠오른 이유를 살펴봅시다.

후추는 인도 남부에서 처음 재배된 향신료이다. 인도의 향신료는 페르시아를 통해 지중해 세계로 전해진 이후 비잔티움 제국, 페르시아 제국, 이슬람 제국을 중심으로 서아시아 및 지중해 동부에서 양념으로 많은 인기를 끌었다. 중국도 송나라 이후부터 후추의 수요가 급속하게 늘어나면서 인도산 후추만으로는 수요를 감당할 수 없었다. 그러자 인도 사람들은 동남아시아 자와 섬으로 건너가 후추를 재배하기 시작했고 이슬람, 중국 상인들이 자와 섬으로 몰려들었다. 자와 섬의 후추가 인기를 끌자 자와 섬과 가까운 수마트라 섬, 말레이 반도까지 후추 생산지가 확대되었다.

후추

1 후추의 원산지는 어디인가요?

2 후추의 생산지가 동남아시아로 확대된 이유는 무엇인가요?

3 후추 무역의 중심지 자와 섬과 수마트라 섬, 말레이 반도를 아래의 지도에서 찾아보세요.

4 동남아시아 동쪽과 서쪽에는 어떤 문화권이 있나요? 각 문화권이 동남아시아로 오려면 어느 바다를 지나야 하나요?

서쪽  동쪽

04 동남아시아 나라들

새로운 해상 교역의 중심지 동남아시아는 다양한 종교를 가진 나라들이 저마다의 문화를 발전시켰습니다.

>> **1** 동남아시아의 인도차이나 반도와 말레이 반도에서 여러 나라들을 누르고 성장해 불교 문화를 꽃피운 수코타이 왕국에 대해 살펴봅시다.

> 동남아시아 말레이 반도에 살던 타이족은 앙코르 왕국의 지배를 받고 있었다. 1238년 타이족은 앙코르 왕국에서 독립하여 현재 타이(태국)의 첫 번째 국가인 수코타이를 세웠다. 수코타이는 불교를 국교로 정하고 타이 문자를 완성하는 등 찬란한 문화의 꽃을 피우다 1378년 타이족의 또 다른 나라인 아유타야에 합병되었다. 현재 타이 왓 마하탓 불교 사원에 가면 수코타이 양식으로 불리는 불상들을 볼 수 있다. 거대한 돌기둥들의 경호를 받으며 가만히 가부좌를 틀고 앉아 있는 거대한 불상은 등을 곧게 편 상태에서 특유의 긴 손가락을 아래로 살짝 내리고 은은한 미소를 띠며 반쯤 감긴 눈, 우아하게 곡선을 그리는 눈썹, 축 늘어진 귀, 오똑한 코 등 전형적인 수코타이의 불상이다.

1 수코타이의 최대 영역과 수코타이가 속해 있는 반도를 표시해 보세요.

2 수코타이는 어느 왕국에게 멸망했나요?

3 왓 마하탓 불교 사원을 통해 수코타이의 화려한 불교 문화를 살펴봅시다.

- 불상을 지키는 돌기둥
- 긴 손가락
- 반쯤 감긴 눈
- 은은한 미소
- 축 늘어진 귀
- 오똑한 코
- 곡선을 그리는 눈썹

» 2 해상 교역을 통해 새롭게 성장하며 이슬람 국가로 변해 가는 동남아시아 섬 지역의 마자파힛 왕국과 믈라카 왕국에 대해 살펴봅시다.

마자파힛 왕국 13세기 말, 믈라카 해협을 통해 후추 무역의 중심이 된 자와 섬에서 오늘날 인도네시아의 뿌리인 마자파힛 왕국이 등장했다. 마자파힛 왕국은 중국, 이슬람 상인과의 향료 무역을 독점하면서 빠르게 성장해 갔다. 힌두교를 믿던 마자파힛 왕국은 15세기 말 동남아시아로 서서히 영역을 확장해 가던 이슬람 세력한테 무너졌다.

믈라카 왕국 15세기 동·서 해상 무역로의 지름길인 믈라카 해협의 스리위자야에 이어 다시 최대의 무역 국가인 믈라카 왕국이 들어섰다. 믈라카 항구는 향신료 교역을 하는 중국, 베트남, 자와, 아유타야, 인도, 페르시아, 아라비아의 상인들로 가득했다. 당시 해상 무역을 주도하던 이슬람 상인들은 힌두교 국가에서 이슬람 국가로 개종했고, 믈라카의 영향을 받으며 무역에 의존하던 이웃 동남아시아 국가들도 차례차례 이슬람교를 받아들였다.

1 마자파힛 왕국과 믈라카 왕국이 성장할 수 있었던 이유는 무엇인가요? 두 왕국을 지도에서 찾아보세요.

| 믈라카 왕국 | 말레이 반도 수마트라 섬 |
| 마자파힛 왕국 | 자와 섬 |

2 마자파힛 왕국과 믈라카 왕국은 동서 해상 무역의 중심지로 성장하면서 종교가 어떻게 변했나요?

☐교 ➡ ☐교

3 믈라카 왕국의 이슬람교 개종은 동남아시아 주변국에 어떤 영향을 주었을까요?

후추를 사러 온 이슬람 상인

31

이븐 바투타 여행길

이븐 바투타는 약 700여 년 전 목숨을 걸고 세계 여행을 한 여행가입니다. 미지의 세계에 대한 호기심과 탐구심이 그러한 여행을 가능하게 만들었지요. 이븐 바투타 여행길을 따라가면서 가장 가보고 싶은 나라를 골라 그 이유를 써 보세요.

이븐 바투타 여행길

나는 이븐 바투타가 간 나라 중에

                    나라에 가고 싶다

그 이유는

4 중국·동아시아 문화권

학습목표
- 몽골 제국의 등장으로 유럽과 아시아가 하나로 통합되는 세계사가 시작되었음을 이해한다.
- 동아시아 국가들이 몽골 제국의 침략을 극복하는 과정을 이해한다.

학습내용
01 발명의 시대, 송(960~1279)
02 몽골 제국(1206~1368)
03 동서 교역로의 주인, 원(1271~1368)
04 몽골 제국에 맞서는 한국과 일본

공부하고 스스로 표시하기

01 발명의 시대, 송(960~1279)

송나라의 발명품인 화약, 나침반, 인쇄술은 이슬람을 거쳐 유럽으로 전해지면서 서양에 큰 변화를 불러일으켰습니다.

● 송나라   북송(카이펑)과 남송(항저우)

동아시아 문화권의 중심에 있던 당나라는 907년 멸망하고, 960년 무인 가문 출신의 조광윤이 수도를 카이펑(개봉)으로 송나라를 세웠다. 조광윤은 무인 세력을 멀리하고 문신들에게 군대 지휘를 맡기는 등 무신들의 힘을 약화시키려고 노력했다. 군사력이 약해진 송나라는 북방 유목 민족의 침입을 효과적으로 막아낼 수 없었다. 결국 송나라는 거란족이 세운 요나라의 침입을 막대한 재물을 주어 겨우 막았고, 1127년에는 여진족이 세운 금나라의 침입으로 카이펑을 내주고 강남으로 쫓겨내려가 양쯔 강 유역의 항저우(임안)를 새 수도로 삼았다. 카이펑 시기를 북송, 항저우 시기를 남송이라고 한다.

송 태조 조광윤

● 중국 4대 발명품   종이(한) + 화약, 나침반, 인쇄술(송)

송나라 때 산업과 해상 무역은 더욱 발전했다. 송의 수도 카이펑은 황하와 운하가 만나는 곳이라 남과 북의 물품들이 모두 모여들어 길가에 상점들이 즐비했고 인구가 100만 명이 넘었다. 바닷길의 출발점인 송의 남부 해안 도시들에는 세계에서 몰려든 상인들로 늘 북적여, 항저우는 카이펑을 능가하는 인구 150만 도시로 급성장했다. 이러한 산업의 발달 속에 나침반, 활판인쇄술, 화약이 발명되었고, 이 세 가지 물품에 한나라 때 채륜이 만든 종이를 더해 중국의 4대 발명품이라 부른다. 중국의 4대 발명품은 몽골과 아라비아 상인들 덕분에 유럽에 전해져 서유럽의 대항해 시대를 열었다.

>> **1** 조광윤이 세운 나라 이름은 무엇인가요? 당시 한반도에는 어떤 나라가 있었나요?

중국 _____

한반도 _____

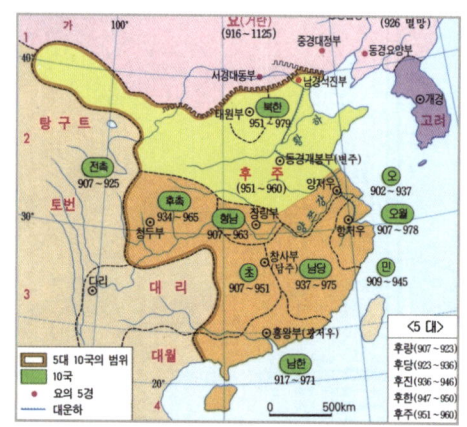

34

> **2** 지도를 통해 송나라에 대해 살펴봅시다.

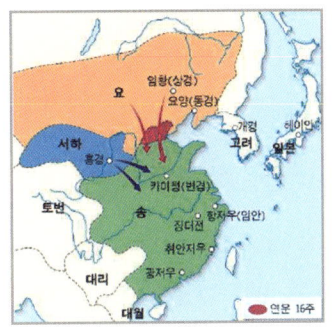 

① 북송의 수도 카이펑을 찾고, 북송과 요나라의 영역을 표시해 보세요. 요나라는 어느 민족이 세운 나라인가요?

② 남송의 수도 항저우(임안)를 찾고, 항저우로 옮긴 이유를 설명해 보세요. 남송과 '금'의 영역을 표시해 보세요. 금나라는 어느 민족이 세운 나라인가요?

③ 지도에서 남송 시대 도시들을 찾아보세요. 남부 해안 도시가 성장한 이유는 무엇인가요?

> **3** 다음 송나라 발명품은 무엇인가요? 그 후 더 발전한 모습을 찾아 연결하면서 그 용도를 말해 보세요.

송나라 발명품

①

②

③

그 후 더 발전한 모습

ㄱ
최무선 화포

ㄴ
〈직지심체요절〉 금속활자본

ㄷ
서유럽 나침반

> **4** 중국의 4대 발명품은 어떻게 유럽으로 전해졌나요?

중국 4대 발명품을 말해 보세요.   4대 발명품 중 한나라 때 채륜이 발명한 것은?

02 몽골 제국(1206~1368)

몽골 초원에서 자란 테무친이 몽골 고원의 여러 부족을 통일하고 세계 대제국을 건설하게 되는 과정을 알아봅시다.

● 테무친 최고의 지도자 칭기즈 칸이 되다!

여진족이 세운 금나라는 송나라를 몰아내고 중국 북쪽 지역을 지배했다. 몽골족도 금나라의 통치를 받으며 부족 단위로 흩어져 유목 생활을 했다. 1162년경 몽골 초원의 작은 부족에서 태어난 테무친은 아버지가 다른 부족한테 독살당해 어린 시절 가족들과 힘겹게 살았다.

어느 날, 테무친이 강에서 잡은 물고기를 이복형이 빼앗아 갔을 때 어머니가 형제끼리 싸워서는 안 된다고 충고했지만 테무친은 활을 들고 나가 이복형을 쏘아 죽였다.

칭기즈 칸(1162~1227)

"적과 맞서 싸울 때는 사나운 독수리처럼, 생활을 즐길 땐 송아지처럼, 밝은 낮에는 침착하고 세심하게, 어두운 밤에는 강인하고 인내심 있게 살아야 한다."

부족의 보호 없이 초원에서 살아남아야 했던 테무친은 강인한 성격으로 성장했다.

1206년 뿔뿔이 흩어진 여러 몽골 부족을 통일한 테무친은 몽골 부족 연합 회의에서 최고 지도자란 뜻의 칭기즈 칸이라는 칭호를 받았다.

㉠ "서로 돕고 빈틈없이 지원한다면 아무리 강한 적이라도 이길 수 있다."

칭기즈 칸은 십호, 천호, 백호, 만호 단위로 군사를 묶어 각각 지휘관을 두고 몽골의 뛰어난 기마병을 거느리고 매 전투마다 승리했다. 금나라의 수도 베이징(대도)을 차지하고 동서 교역로를 확보하기 위해 서쪽으로 카스피 해까지 진출하여 중앙아시아의 거의 모든 지역을 지배했다. 1227년 칭기즈 칸은 서하 정복 중에 병으로 죽었지만, 이후에도 몽골 제국의 정복은 계속되어 중국 본토의 금과 송을 멸망시키고 유럽으로, 러시아를 거쳐 헝가리, 폴란드까지 진출해 유럽과 아시아에 걸친 대제국을 세웠다.

>> **1** 다음 낱말을 이용해 테무친의 초원 생활을 설명해 보세요.

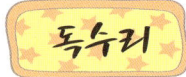 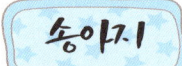  

>> **2** 몽골 부족을 통일한 테무친은 어떤 칭호를 받았나요? 칸은 무슨 뜻인가요?

>> **3** 칭기즈 칸이 세운 대 몽골 제국에 대해 살펴봅시다.

1️⃣ 몽골 제국의 중심지 '카라코룸'을 찾아보세요.

2️⃣ 몽골 제국의 최대 영역을 표시하고 대제국에 속하는 대륙을 말해 보세요.

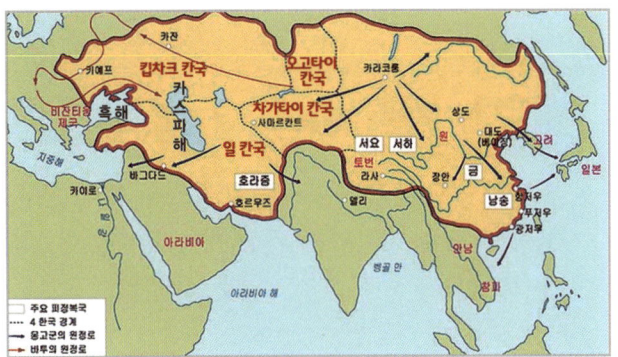

4칸국과 원 제국

3️⃣ ㉠처럼 말한 칭기즈 칸의 전쟁 승리 방법은 무엇인가요?

몽골 기병   칭기즈 칸 부대 행렬

4️⃣ 칭기즈 칸이 죽은 후 몽골 제국은 유목 민족의 풍습에 따라 4명의 아들에게 분할 상속되어 4개의 칸국으로 나누어졌습니다. 지도에서 다음 4개의 칸국을 찾아보세요.

킵차크 칸국(남러시아)   오고타이 칸국(서북 중앙아시아)

차가타이 칸국(몽골과 중앙아시아)   일 칸국(소아시아 중앙 동부 지역)

>> **4** 과거 몽골 제국과 현재 몽골의 영역을 비교해 보세요. 과거 몽골 제국의 일부는 현재 어느 나라에 속해 있나요?

03 동서 교역로의 주인, 원(1271~1368)

몽골 제국은 유럽과 아시아를 잇는 동서 교역로를 모두 차지하고 유럽과 아시아를 하나의 세계로 통합하여 진정한 세계사의 실마리를 열었습니다.

● 몽골 제국 — 초원길, 비단길, 바닷길 모두 차지하다

초원길은 몽골 고원을 출발해 카스피 해에 이르는 길로 아시아에서 유럽으로 가는 가장 빠른 길이었다. 하지만 초원길은 통행료가 비싸서 상인들은 또 다른 교역로를 개척했다. 바로 중국 장안에서 수많은 산맥과 사막을 지나 유럽에 도달하는 험난한 비단길이었다. 비단길은 이동 시간은 길어도 비싼 통행료를 낼 필요가 없어 동서 교류의 중심이 되었다.

동서교역로를 따라 중국으로 오는 유럽 상인들

바닷길은 송나라 때 나침반과 배 만드는 기술이 발달하면서 많은 물건을 한번에 이동할 수 있어 이용이 늘어났다. 유럽과 아시아 대륙에 걸쳐 광대한 영토를 가진 몽골 제국은 초원길, 비단길, 바닷길을 모두 차지하고 자유로운 통행을 보장하여 유럽과 아시아를 하나의 세계로 통합했다.

● 마르코 폴로 — 원 제국을 방문하다

몽골 제국은 유라시아 대부분을 정복한 후, 1260년 쿠빌라이가 칸에 올라 제국을 지배했다. 4개의 칸국으로 나누어져 있었지만, 유라시아 대륙은 분명 하나의 몽골 제국이었다. 쿠빌라이는 1271년 자신이 지배하는 중국 땅과 몽골 지역을 원이라 하고, 수도를 베이징(대도)으로 옮겼다. 쿠빌라이 칸은 정치적으로 독립하려는 여러 칸국을 하나로 묶기 위해 수도 베이징에서 중앙아시아, 러시아까지 연결되는 역참을 세웠

쿠빌라이 칸

다. 1274년 이탈리아 베네치아 상인 마르코 폴로가 몽골 제국으로 들어와 17년 동안이나 원 나라에 머물렀는데, 그가 쓴 〈동방견문록〉에 당시 원나라의 역참에 대해 이렇게 씌어 있다.

"대칸의 사자가 북경을 출발하면 어느 길을 택하든 '잠'이라고 부르는 역참을 만난다. …… 길도 제대로 없고 민가도 여관도 없는 외딴 시골에도 어디에나 역참이 있다. …… 정말 이 제도만큼 대규모의 것은 일찍이 볼 수 없었다. …… 역참에는 여행자를 위해 30만 마리 이상의 말이 항상 준비되어 있다."

역참은 4km마다 설치된 역으로 군인과 말, 식량, 상인들이 쉴 수 있는 숙소까지 있어 나라에서 발행한 패자만 있으면 누구나 이용할 수 있었다. 역참을 통해 서아시아의 천문, 역법, 농사 기술, 지도 제작 기술이 중국으로 들어오고 중국의 화약, 나침반, 인쇄술 등이 서아시아와 유럽으로 퍼져 나갔다.

>> **1** 몽골 제국이 차지한 초원길, 비단길, 바닷길을 따라 그리고, 그 특징을 설명해 보세요.

초원길

비단길

바닷길

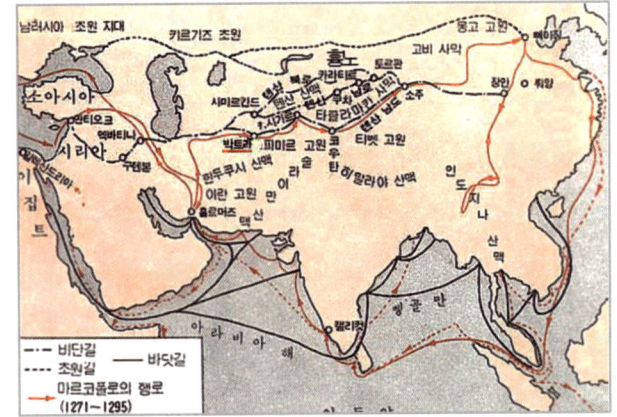

마르코 폴로가 중국으로 온 길을 따라가 보세요

>> **2** 원 제국의 역참 제도에 대해 알아봅시다.

① 역참이란 무엇일까요?

" ㅁㅁ km마다 설치된 역"

② 원 제국 역참의 출발지이자 중심이 되는 도시를 ㉠에 쓰세요.

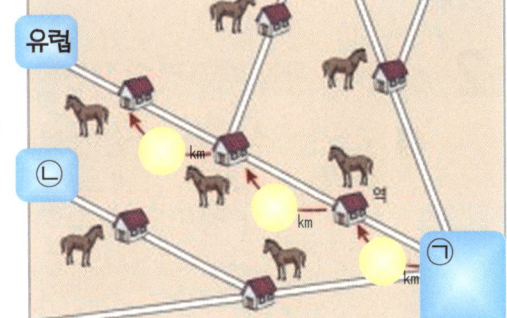

③ 역참의 장점은 무엇인가요?

④ 다음은 원의 동서교역로를 통해 전달된 물품입니다. 다음 물품을 원나라에 전한 지역은 어디인가요? 원 제국이 교역한 물품은 무엇인가요?

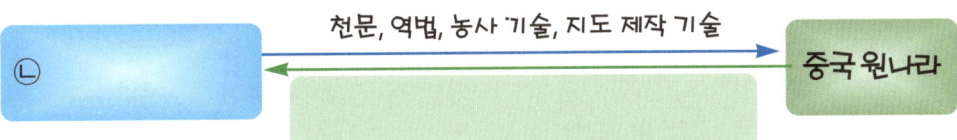

천문, 역법, 농사 기술, 지도 제작 기술

㉡ ← → 중국 원나라

04 몽골 제국에 맞서는 한국과 일본

몽골 제국이 세계를 누비던 시기 동아시아 문화권 속 한국과 일본은 어떻게 몽골 제국과 교류하고 항쟁했는지 알아봅시다.

>> **1** 중국이 당에서 송으로 교체되던 시기 우리나라는 남북국 시대를 끝내고 후삼국 시대로 접어들었습니다.

1. 후삼국의 삼국은 어느 나라를 말하나요?

2. 후삼국 시대를 통일한 나라는 어느 나라인가요?

3. 고려 교역의 중심 항구인 벽란도를 찾아보세요.

후삼국 시대 → 고려 ▶

>> **2** 1231년 몽골은 고려를 침입했습니다. 고려의 대몽 항쟁에 대해 살펴봅시다.

1. 고려는 수도를 개경에서 강화도로 옮겨 대몽 항쟁을 준비합니다. 개경과 강화도를 찾아보세요.

2. 고려가 몽골의 침략을 부처님의 힘으로 이겨내기 위해 강화도에서 만든 불경은 무엇인가요?

3. 1270년 고려 왕실은 몽골에 항복했지만 끝까지 저항한 삼별초의 이동 경로를 찾아보세요.

» 3 몽골 제국 시기 헤이안 시대에서 막부 시대로 변하는 일본을 살펴봅시다.

천황과 귀족 중심의 헤이안 시대가 무너지고 1192년 일본 무사의 최고 우두머리가 쇼군(장군)이 되면서 막부 시대가 시작된다. 쇼군이 사는 막부가 정치의 중심이 되어 이 시기를 막부 시대라고 부르고 이 때부터 천황은 교토에 상징적인 존재로 있고, 각 지방은 쇼군을 따르는 무사들이 다스렸다.

1 왜 막부시대라고 부르나요?

2 일본 막부 시대의 정치 지도자를 부르는 말은 무엇인가요?

초대 쇼군 미나모토 요리토모

» 4 원의 침입으로 고려·원 연합군과 싸움을 벌이는 일본의 모습을 살펴봅시다.

1274년 원은 고려를 굴복시킨 후 1차 일본 정벌을 떠났지만 거센 태풍이 불어 많은 함선과 병사를 잃고 돌아갔다. 이후 1281년 원은 고려, 남송의 군사까지 동원해 2차 일본 정벌에 나서 규슈 해안에 이르는 동안 모든 섬을 초토화시켰지만 또다시 태풍을 만나 실패했다. 일본은 세계 최강의 몽골을 물리친 이 태풍을 신의 바람(가미카제)이라 불렀다.

여원연합군과 일본의 전투

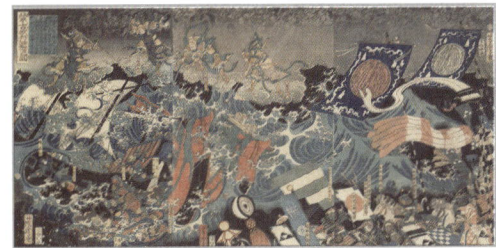
가미카제가 불어 침몰하는 여원연합군 함선

- 여원연합군과 일본 무사의 무기는 무엇인가요?
- 폭풍을 일으키는 가미카제를 찾아보세요.
- 침몰하는 여원연합군의 함선을 찾아보세요.

다양한 문화권의 교류

다음 4개 문화권의 교류와 충돌에 대해 알고 있는 내용을 발표해 보세요.

❶ 유럽 문화권(십자군 전쟁)

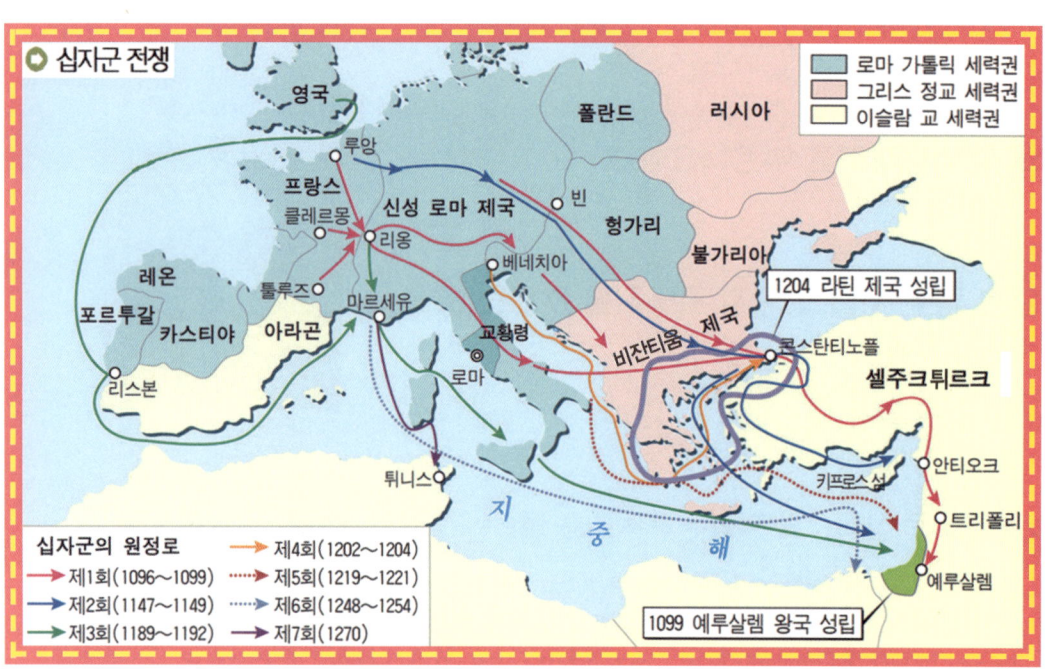

❷ 이슬람 문화권(셀주크튀르크 제국)

③ 인도·동남아시아 문화권(델리 술탄 왕국, 믈라카 왕국)

④ 중국·동아시아 문화권(송, 몽골(원) 제국)

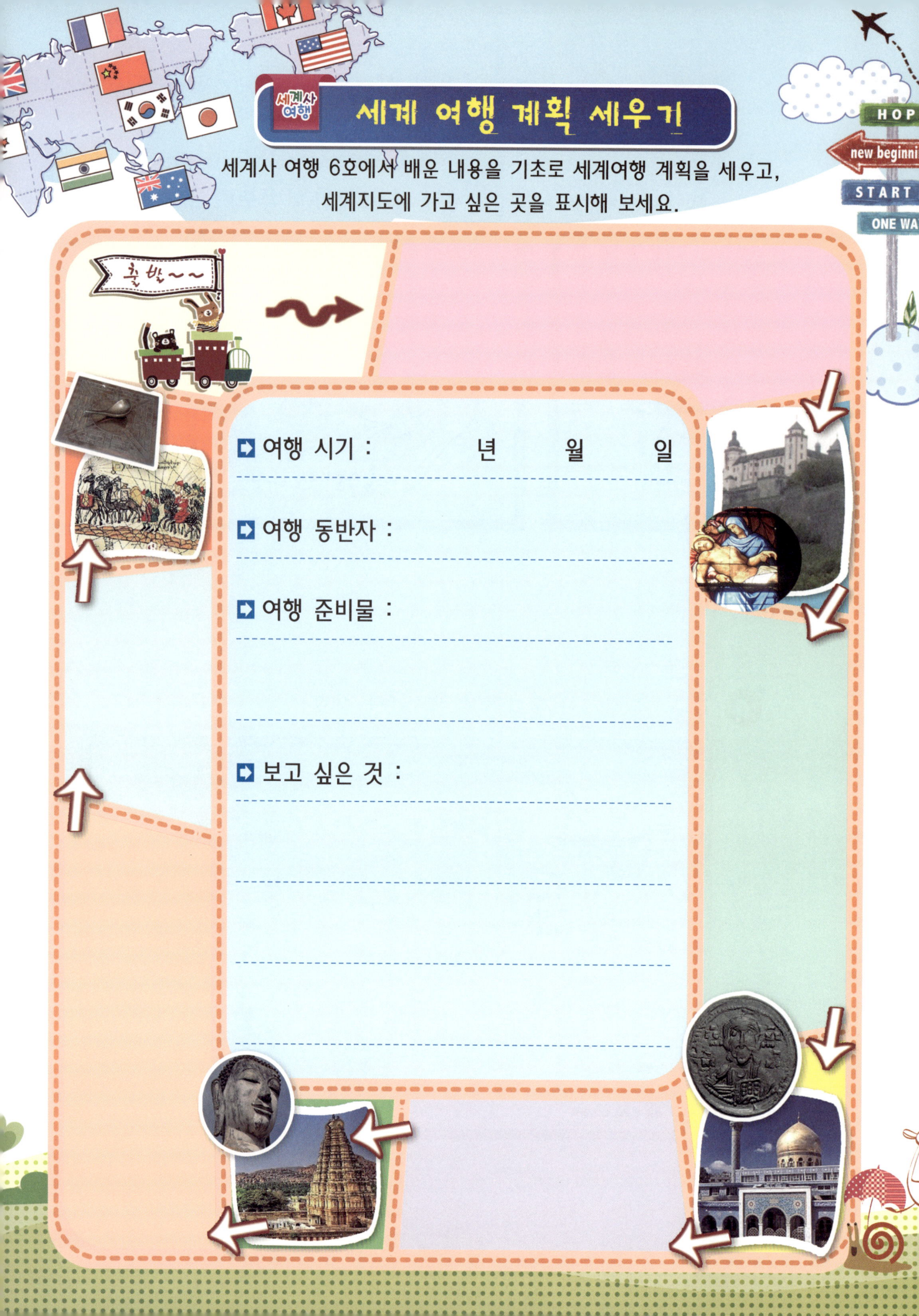

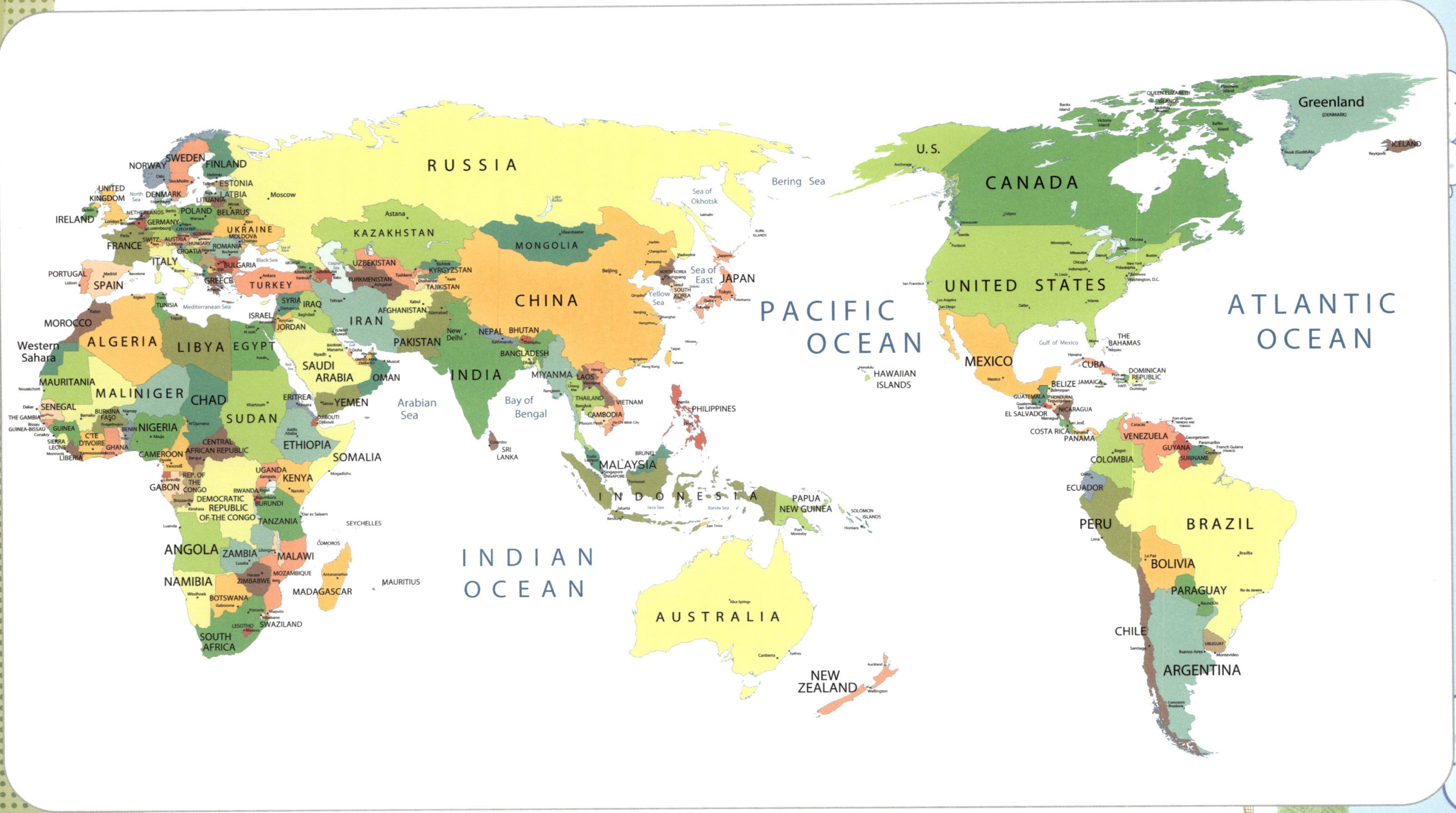

RUSSIA
KAZAKHSTAN
MONGOLIA
CHINA
JAPAN
INDIA
PACIFIC OCEAN
ATLANTIC OCEAN
INDIAN OCEAN
Bering Sea
Sea of Okhotsk
Sea of East
Yellow Sea
Arabian Sea
Bay of Bengal
Black Sea
Mediterranean Sea
Gulf of Mexico
North Sea
CANADA
U.S.
UNITED STATES
MEXICO
Greenland
(DENMARK)
ICELAND
QUEEN ELIZABETH ISLANDS
THE BAHAMAS
CUBA
JAMAICA
DOMINICAN REPUBLIC
HAITI
BELIZE
GUATEMALA
HONDURAS
EL SALVADOR
NICARAGUA
COSTA RICA
PANAMA
HAWAIIAN ISLANDS
COLOMBIA
VENEZUELA
GUYANA
SURINAME
French Guiana
ECUADOR
PERU
BRAZIL
BOLIVIA
PARAGUAY
URUGUAY
CHILE
ARGENTINA
AUSTRALIA
NEW ZEALAND
PAPUA NEW GUINEA
SOLOMON ISLANDS
INDONESIA
MALAYSIA
BRUNEI
PHILIPPINES
VIETNAM
CAMBODIA
THAILAND
LAOS
MIYANMA
BANGLADESH
BHUTAN
NEPAL
New Delhi
SRI LANKA
PAKISTAN
AFGHANISTAN
TAJIKISTAN
KYRGYZSTAN
UZBEKISTAN
TURKMENISTAN
IRAN
IRAQ
SYRIA
JORDAN
ISRAEL
SAUDI ARABIA
OMAN
YEMEN
TURKEY
Moscow
Astana
Beijing
NORWAY
SWEDEN
FINLAND
ESTONIA
LATVIA
LITUANIA
BELARUS
UKRAINE
MOLDOVA
ROMANIA
BULGARIA
GREECE
POLAND
GERMANY
DENMARK
NETHERLANDS
UNITED KINGDOM
IRELAND
FRANCE
SWITZ.
AUSTRIA
HUNGARY
CROATIA
ITALY
SPAIN
PORTUGAL
MOROCCO
Western Sahara
ALGERIA
TUNISIA
LIBYA
EGYPT
MAURITANIA
MALI
NIGER
CHAD
SUDAN
ERITREA
DJIBOUTI
ETHIOPIA
SOMALIA
SENEGAL
THE GAMBIA
GUINEA-BISSAU
GUINEA
SIERRA LEONE
LIBERIA
CTE D'IVOIRE
GHANA
BURKINA FASO
BENIN
NIGERIA
CAMEROON
CENTRAL AFRICAN REPUBLIC
GABON
REP. OF THE CONGO
DEMOCRATIC REPUBLIC OF THE CONGO
UGANDA
KENYA
RWANDA
BURUNDI
TANZANIA
SEYCHELLES
COMOROS
ANGOLA
ZAMBIA
MALAWI
MOZAMBIQUE
ZIMBABWE
NAMIBIA
BOTSWANA
MADAGASCAR
MAURITIUS
LESOTHO
SWAZILAND
SOUTH AFRICA

예시답안

1차시 유럽 문화권 (3쪽~)

01. 프랑크 왕국의 분열
1. ① 게르만족 ② 카롤루스 대제 ③ 왕이 죽으면 아들들에게 왕국을 골고루 나누어 주는 프랑크족의 관습 때문에 / 지도에서 동프랑크 왕국, 서프랑크 왕국, 중프랑크 왕국을 찾아본다.
2. 남쪽 : 이슬람 세력 / 동쪽 : 마자르족 / 북쪽 : 노르만족
3. ① 오른쪽 지도 위쪽에 있는 스칸디나비아 반도를 찾아본다. ② 노르만족의 배는 수심이 얕은 곳에서도 항해가 가능했기 때문에 강폭이 좁은 내륙까지 들어올 수 있었다. ③ ㉠ 노르만 왕국 – 영국 / ㉡ 노르망디 공국 – 프랑스 / ㉢ 키예프 공국, 노브고로트 공국 – 러시아 / ㉣ 나폴리 왕국, 시칠리아 왕국 – 이탈리아 / ㉤ 스칸디나비아 반도 – 스웨덴, 노르웨이, 덴마크

02. 중세, 성과 도시
1. ① 높은 언덕 위 / 여러 민족의 침입으로부터 자신의 생명과 재산을 보호하기 위해 ② 망루 : 적의 침입을 감시하고 적을 공격하는 곳 / 작은 구멍 : 적에게 화살을 쏘는 역할 / 성벽 : 적의 공격을 막는 역할 ③ 기사 : 1월 신년 축하연 그림에서 적의 침입으로부터 성을 지키고 있다. 귀족 : 1월 신년 축하연 그림에서 성 안에서 연회를 즐기고 있다. 농노 : 10월 밀 파종 그림에서 농사를 짓고 있다. / 성 안 : 1월 신년 축하연, 성 밖 : 10월 밀 파종 / 10월 밀 파종 그림에서 성벽 아래에 해자가 있다.
2. 성을 중심으로 정착한 후 생산물이 많아져 시장 주변에 교류하는 사람들이 많아지면서 도시가 생겨났다.
3. ① ㉠ ② ㉡ ③ ㉢ ④ ㉣

03. 중세, 크리스트교 세계
1. 지도에서 서유럽과 비잔티움 제국을 구분해 본다. 서유럽 : 로마 가톨릭 교회 / 비잔티움 제국 : 정교회 서방 교회가 성상 파괴에 동의하지 않았기 때문에
2. 출생, 결혼, 죽음까지 모두 교회와 함께했기 때문에
3. ① 로마네스크 양식 : 둥근 모양, 길게 늘어선 기둥, 성경 내용 조각 / 고딕 양식 : 뾰족한 첨탑
② 어둠 속에서 스테인드글라스 창으로 들어오는 빛을 보며 천국을 떠올리도록 느낄 수 있게 하기 위해서 / 참된 신앙심과 믿음을 가르치기 위해서 / 푸른색 옷을 입은 마리아의 무릎 위에 누워 있는 예수를 찾아본다.

04 십자군 전쟁(1096~1272)
1. 셀주크튀르크 : 이슬람 세계를 통일하고 크리스트교 성지 예루살렘을 차지하고 비잔티움 제국을 공격했다. → 비잔티움 제국 : 이슬람의 침입을 받은 비잔티움 제국은 예루살렘을 지키기 위해 서유럽에 도움을 청했다. → 서유럽 국가 : 비잔티움 제국의 요청을 받아들여 성지 예루살렘을 찾기 위해 이슬람과의 전쟁을 선포하고 십자군 전쟁에 참여했다.
2. 교황 : 전쟁에서 승리해 권위를 높이기 위해서 / 기사 : 새로운 정복지를 얻기 위해서 / 상인 : 이슬람 제국이 독점하던 지중해 무역을 빼앗기 위해서 / 농민 : 종교적 열정 때문에
3. 크리스트교만 남은 예루살렘

2차시 이슬람 문화권 (13쪽~)

01. 이슬람의 새 주인 – 튀르크
1. ① 무함마드 / 메카 ② 지도에서 아라비아 반도, 북아프리카, 이베리아 반도, 중앙아시아 영역을 표시해 본다. ③ 아라베스크 무늬 : 모스크를 장식하는 선, 식물, 아랍어 등 모양 / 초승달과 별 : 이슬람교의 상징으로, 모스크 꼭대기 장식 / 미나레트 : 예배 시간을 알리는 첨탑 / 돔 : 평화를 상징하는 이슬람 양식 지붕
2. ① 지도에서 발흥지를 찾아 표시한다. / 중앙아시아 / 유목 생활 ② 사마르칸트 : 셀주크 부족이 이동해 정착한 곳 / 바그다드 : 이슬람 지도자 칼리프가 있는 곳 / 예루살렘 : 셀주크튀르크가 차지한 이슬람교와 크리스트교의 성지 ③ 술탄, 이슬람의 정치 지배자
3. 터키 수도 : 앙카라
① 히타이트, 트로이, 비잔티움 제국, 셀주크튀르크
② 터키는 아시아와 유럽을 잇는 곳에 위치해 있어 두 문화를 모두 받아들여 고대 그리스 로마 문화, 크리스트교 문화, 이슬람교 문화가 섞여 있다.

02. 크리스트교 세계를 공격하는 셀주크튀르크
1. 두 사람의 대화를 상상해서 써 본다.
2. ① 지도에서 소아시아에 있는 만지케르트를 찾아본다. ② 지도에서 발흥지 젠느, 사마르칸트, 이스파한, 바그다드, 소아시아, 아라비아 반도를 찾아 표시한다. ③ 지도에서 지중해, 흑해, 카스피 해, 아랄 해, 홍해, 아라비아 해를 찾아 표시한다. ④ 투르크메니스탄, 이란, 아르메니아, 그루지야, 터키, 시리아, 요르단, 이라크, 사우디아라비아 ⑤ 셀주크튀르크가 만지케르트 전쟁에서 비잔티움 제국을 이긴 후 크리스트교 세계가 서서히 이슬람 영역으로 포함되기 시작했기 때문에
3. 교회가 있던 곳에 셀주크튀르크 성과 이슬람 모스크가 건축되거나 교회가 이슬람 모스크로 변했다.

03. 아프리카로 간 이슬람교
1. ① 아프리카 북쪽에서 사하라 사막을 찾아본다. ② 지도에서 킬리만자로 산이 있는 동아프리카를 표시한다. ③ 지도에서 사하라 사막이 있는 북아프리카를 찾아본다. ④ 지도에서 칼라하리 사막이 있는 남아프리카를 찾아본다. ⑤ 지도에서 나이저 강이 있는 서아프리카를 찾아본다.
2. ① 북아프리카 / 지중해 ② 지도에서 서아프리카 가나 왕국을 찾아본다. / 말리 왕국에게 멸망당했다. ③ 지도에서 서아프리카 말리 왕국을 찾아본다.
3. 이슬람 모스크 : 돌로 벽을 만들고 아라베스크 무늬로 꾸민다. 이슬람 건축 양식인 돔과 미나레트가 있다. / 젠네 모스크 : 흙으로 벽을 만들고, 벽에 나무 기둥이 돌출되어 있다. 이슬람 건축 양식인 돔과 미나레트가 없다.

04. 아프리카 이슬람 세계 – 이집트
1. ① 사막 : 리비아 사막, 누비아 사막 / 바다 : 지중해, 홍해 ② 나일 강 / 지도에서 나일 강 주변 농토를 표시해 본다. ③ 나일 강의 범람으로 생겨난 비옥한 땅에서 농사가 잘되었기 때문에 ④ 지배자 : 파라오 / 피라미드 : 파라오 무덤 / 스핑크스 : 피라미드 수호신 / 아부심벨 신전 : 신을 모시는 장소 ⑤ 상형문자 / 죽은 뒤 신에게 가서 심판을 받는다.

예시답안

2. ❶ 642년 ❷ 지도에서 아라비아 반도, 알렉산드리아, 카이로를 찾아본다./ 아라비아 반도 : 이슬람 세력 중심지 / 알렉산드리아 : 고대부터 비잔티움 제국까지 이집트의 중심 도시 / 카이로 : 이집트 이슬람 세력의 중심지
3. ❶ 지배자 파라오 – 이집트 술탄 ❷ 피라미드 – 술탄 하산 모스크 내 무덤 ❸ 신전 – 술탄 하산 모스크 ❹ 상형문자 – 아랍어

3차시 인도·동남아시아 문화권 23쪽~

01. 북인도 – 델리 술탄 왕국

1. ❶ 이슬람교에서 정치 지배자를 부르는 말 ❷ 이슬람 세력이 세운 왕국의 술탄이 델리를 수도로 정하고 북인도를 지배했기 때문에 / 지도에서 인도 북쪽 델리를 찾아본다. ❸ 하층민들이 이슬람교로 많이 개종했기 때문에 / 지도에서 이슬람화된 지역을 표시해 본다.
2. 지도에서 북아프리카 모나코 탕헤르, 지중해, 이집트 카이로, 아라비아 반도, 소아시아, 흑해, 카스피 해, 인도 델리를 표시해 본다.
3. ❶ 이슬람 세계는 공통된 이슬람 법이 통용되고 있었기 때문에 ❷ 델리는 튼튼한 성벽에 둘러싸여 있고 술탄 행렬이 있을 때는 성벽과 거리를 비단으로 장식하고 화포를 실은 코끼리 부대는 환영 인파를 향해 금은 동전을 쏘아댄다. / 위의 사진에서 기울어진 성벽을 찾아본다. / 아래 사진에서 델리 투글루카바드 술탄 무덤을 찾아본다.

02. 남인도 – 비자야나가르 왕국

1. ❶ 북인도 : 갠지스 강, 델리 술탄 왕국, 이슬람교 / 남인도 : 데칸 고원, 비자야나가르 왕국, 힌두교 ❷ 지도에서 아라비아 해, 벵골만, 인도양을 찾아본다. ❸ 지도에서 인도 서남쪽 말라바르 해안과 캘리컷을 찾아본다. ❹ 향신료, 면제품
2. 탑 : 비루팍샤 사원 오른쪽 탑을 찾아본다. / 코끼리 : 비루팍샤 사원 내부에 있는 코끼리를 찾아본다. / 돌마차 : 비탈라 사원에서 돌마차를 찾아본다. / 비슈누 : 크리슈나 사원에서 사자를 찾아본다. / 음악 기둥 : 비탈라 사원 내부의 얇고 긴 기둥들을 찾아본다.

03. 동남아시아의 향신료 교역

1. ❶ 반도 : 인도차이나 반도, 말레이 반도 / 섬 : 수마트라 섬, 자와 섬, 보르네오 섬, 술라웨시 섬, 루손 섬, 민다나오 섬 ❷ 중국과 인도 / 지도에서 중국과 인도를 찾아본다. ❸ 불교와 힌두교 ❹ 지도에서 인도양, 벵골만, 남중국해, 태평양을 찾아본다. / 해상 교역
2. ❶ 인도 ❷ 서아시아, 지중해 동부, 중국 등에서 후추의 수요가 늘어나 인도산 후추만으로 감당할 수 없었기 때문에 ❸ 지도에서 자와 섬, 수마트라 섬, 말레이 반도를 찾아본다. ❹ 서쪽 : 유럽 문화권, 이슬람 문화권, 동쪽 : 중국·동아시아 문화권 / 유럽 문화권, 이슬람 문화권 : 인도양, 중국·동아시아 문화권 : 태평양

04. 동남아시아 나라들

1. ❶ 인도차이나 반도와 말레이 반도를 지도에서 찾아본다. ❷ 아유타야 왕국 ❸ 왓 마하탓 불교 사원에서 수코타이 불교 문화의 특징을 찾아본다.

2. ❶ 동서를 연결하는 해상 무역을 통해서 / 말레이 반도, 수마트라 섬에 위치한 믈라카 왕국과 자와 섬에 있는 마자파힛 왕국을 찾아본다. ❷ 힌두교 → 이슬람교 ❸ 동남아시아 국가들도 이슬람교를 받아들이기 시작했다.

4차시 중국·동아시아 문화권 33쪽~

01. 발명의 시대, 송(960~1279)

1. 중국 : 송 / 한반도 : 고려
2. ❶ 지도에서 황하 유역의 카이펑을 찾아본다. / 거란족 ❷ 지도에서 양쯔 강 유역의 항저우를 찾아본다. / 금나라의 침입을 받아 강남으로 도망갔기 때문에 / 중국 북쪽 여진, 남쪽 남송의 영역을 표시해 본다./ 여진족 ❸ 지도에서 항저우, 취안저우, 광저우 / 바닷길의 출발점이기 때문에
3. ❶ ㉢ / ❷ ㉠ / ❸ ㉡
4. 종이, 화약, 나침반, 인쇄술 / 종이

02. 몽골 제국(1206~1368)

1. 독수리 : 적과 맞서 싸울 때 / 송아지 : 초원 생활을 즐길 때 / 낮 : 침착하고 세심하게 / 밤 : 강인하고 인내심 있게
2. 칭기즈 칸 / 최고의 지도자
3. ❶ 지도에서 동아시아의 북쪽 카라코룸을 찾아본다. ❷ 지도에서 몽골 제국의 영역을 표시한다. / 아시아, 유럽 ❸ 십호, 천호, 백호, 만호 단위로 군사를 묶어 각각 지휘관을 둔 군대 체계와 뛰어난 기마병 ❹ 지도에서 킵차크 칸국, 오고타이 칸국, 차가타이 칸국, 일 칸국을 찾아 구분해 본다.
4. 중국

03. 동서 교역로의 주인, 원(1271~1368)

1. 초원길 : 몽골 고원에서 카스피 해에 이르는 아시아와 유럽을 잇는 가장 빠른 길, 비단길 : 중국 장안에서 험난한 산맥, 사막을 지나 유럽까지 가는 길, 바닷길 : 송나라 때 나침반과 배 만드는 기술의 발달로 이용이 늘어난 해상 교역로 / 바닷길, 비단길
2. ❶ 4 ❷ 베이징(대도) ❸ 4km마다 군인, 말, 식량, 숙소가 있어 명령, 물자의 전달이 쉽다. ❹ 서아시아 / 화약, 나침반, 인쇄술

04. 몽골 제국에 맞서는 한국과 일본

1. ❶ 신라, 후고구려, 후백제 ❷ 고려 ❸ 지도에서 개성 근처에 있는 벽란도를 찾아본다.
2. ❶ 지도 위쪽에서 개경과 강화도를 찾아본다. ❷ 팔만대장경 ❸ 강화도 → 진도 → 제주도
3. ❶ 막부가 정치의 중심이 되었기 때문에 ❷ 쇼군
4. 여원연합군 : 활과 화살, 화약 / 일본 : 활과 화살 / 하늘에서 바람이 불고 있는 가미카제를 찾아본다. / 파도에 휩쓸리는 여원연합군의 함선을 찾아본다.